Gregor Staub

Was, heute war das?

W0073887

Gregor Staub

Was, heute war das?

Geburtstage, PINs und andere wichtige Zahlen
nie mehr vergessen

mvg Verlag

Bibliografische Information Der Deutschen Bibliothek

Die Deutsche Bibliothek verzeichnet diese Publikation in der Deutschen Nationalbibliografie; detaillierte bibliografische Daten sind im Internet über http://dnb.ddb.de abrufbar

Umschlaggestaltung: coverdesign uhlig, Augsburg
Satz: mi, D. Ott
Druck- und Bindearbeiten: Himmer, Augsburg
Printed in Germany 08337/040301
ISBN 3-478-08337-0

Inhalt

Einleitung

Dieses Buch wird Ihnen, liebe Leserin, lieber Leser, ein Werkzeug liefern, mit dem Sie sich ganz bewusst Zahlen besser merken können: Zahlen wie Telefonnummern, PIN-Codes für Ihre Kreditkarte und Geschichtsdaten ebenso wie Geburtstage, aber auch im erweiterten Sinn beispielsweise Mathematikformeln usw.

Erfahrungsgemäß benötigt man zum Erlernen dieser Zahlentechnik fünf bis sechs Trainingsstunden. Diese werden Sie zusammen mit diesem Buch durcharbeiten. Zuvor sollten Sie sich erst einmal klar werden, was Sie mit einem besseren Zahlengedächtnis erreichen möchten.

Für Übungen usw. schlage ich Ihnen vor, den Platz in diesem Buch intensiv zu nutzen, oder sich ein Heft oder einen Ringbuchordner anzulegen. Als Erstes tragen Sie bitte ein, was Sie in Zukunft mit Zahlen besser können möchten. Geht es hierbei um Geheimzahlen von Computern oder Karten, um Telefonnummern? Möchten Sie sich Geburtstage besser merken? Oder wollen Sie einfach nur spielerisch Ihr Gedächtnis trainieren?

Schreiben Sie jetzt bitte möglichst drei Ziele auf, warum Sie dieses Buch in der Hand haben und dann lesen Sie erst weiter.

*

Okay, Sie haben jetzt also Ihre Ziele definiert, Sie wissen auch, dass Sie sich auf einen Lernprozess von etwa fünf bis sechs Stunden einlassen. Es kann auch sein, dass Sie im weiteren Verlauf spielerisch selbst weiter üben, einfach weil Sie daran Spaß haben – und das soll auch so sein.

Diese vier bis fünf Stunden werden über die nächsten zwei, drei Wochen oder vielleicht auch nur über die nächsten zwei, drei Tage verteilt, je nachdem, wie intensiv Sie dieses Buch lesen möchten. Sind Sie bereit, diese Zeit zu investieren? Wenn ja, möchte ich Ihnen jetzt vorschlagen, dieses Ziel wie ein Motto in Ihr Heft oder Ihr Ringbuch zu schreiben oder sich einen Zettel damit an Ihren Schreibtisch oder die Wand zu heften: Ich bin bereit, vier bis fünf Stunden Zeit meines Lebens zu investieren, damit ich ein besseres Zahlengedächtnis habe.

Schreiben Sie das bitte jetzt hin – gerne in großen Buchstaben und mit einem bunten Rahmen drumrum –, schließen Sie somit einen Vertrag mit sich selbst und lesen Sie dann weiter.

Was Sie jetzt lernen werden, ist ein kleiner Ausschnitt aus einem Gesamtwerk, das sich *Mega Memory* nennt und als Buch und als CD erhältlich ist. Warum gibt es beide Versionen? Weil manche Menschen mit einem Buch leichter lernen und andere lieber CDs oder Tonkassetten verwenden. Gerade letztere bieten wesentlich mehr Coaching. Sie finden dort weitere Themen wie zum Beispiel Namen merken oder die freie Rede, wie Sie sich Fremdwörter merken können und Ähnliches. Im Anhang dieses Buches können Sie sich informieren, was das genau ist und auch Kontakt mit mir direkt aufnehmen.

Ich würde mich freuen, wenn ich von Ihnen höre. Sie können auch mal anrufen und mir einfach erzählen, wie Ihnen dieses Buch, das jetzt vor Ihnen liegt, gefallen hat – das würde mich freuen.

Mega Memory ist ein Gedächtnistrainings-Konzept, das auf einer uralten Technik aufbaut. Schon Cicero, Cäsar und Aristoteles sowie Michelangelo und Leonardo da Vinci waren Anwender dieser Form des Gedächtnistrainings.

Oft wird diese Methode auch die „Loci-Methode" genannt. Indem Sie sich bestimmte Orte, sei es an Ihrem Körper oder im Raum, einprägen, und daran die zu lernende Information assoziativ und bildlich „anknüpfen", können Sie sich schier unglaubliche Mengen an Wörtern, Fakten, Namen etc. merken.

Wenn Sie eine Information lesen oder hören, haben Sie sie zwar später oft noch im Kopf gespeichert, Sie können sie aber nicht mehr abrufen, da Sie nicht mehr wissen, wo sie genau liegt! Nehmen wir die Information „Liebe heißt auf Französisch ‚amour'." Später werden Sie sich vielleicht passiv an das Wort erinnern – wenn also jemand fragt „heißt das gesuchte Wort vielleicht ‚amour'?", können Sie dem zustimmen. Aber aktiv wären Sie nicht mehr darauf gekommen.

Deshalb brauchen Sie mentale Bezugspunkte, so genannte „Briefkästen", in denen Sie Ihre Informationen so ablegen können, dass Sie sie auch wieder finden.

Stellen Sie sich mal vor, Sie hätten einen kreativen Postboten, der einmal die Post in die Badewanne legt, einmal in den Kühlschrank und wieder einmal ins Gartenhäuschen. So richtig Spaß hätten Sie an der ganzen Sache nicht. Spätestens nach drei Tagen würden Sie diesem Postboten sagen: Hör mal, das war zwar jetzt ganz lustig, wie beim Ostereiersuchen, aber von jetzt an möchte ich meine Post wieder im Briefkasten liegen sehen, weil ich sie da nämlich suche.

Um Ihre benötigten Informationen wieder punktgenau abrufen zu können, brauchen Sie also ebenfalls Briefkästen. Diese Briefkästen werden Sie sich mit Hilfe von *Mega Memory* zulegen, und Sie werden sehen, dass Sie sich dann spielend leicht eine Fülle von Informationen merken können, was Sie vorher nie für möglich gehalten hätten!

Nebenbei bemerkt: Durch Gedächtnistraining wird die Konzentrationsfähigkeit allgemein erheblich gesteigert. Das hilft in Schule, Studium und Beruf genauso wie im Alltag. Also, viel Spaß beim Trainieren!

1 Lernen in Bildern

In den nächsten zwei, drei Wochen, vielleicht sogar in den nächsten zwei, drei Tagen werden Sie also lernen, wie man sich effizient Zahlen besser merken kann. Erfahrungsgemäß nützt es Ihnen jetzt wenig, wenn ich sage, Sie müssen sich Zahlen eben in Bildern merken und diese dann im Kopf so ablegen, dass Sie diese wiederfinden. Das klingt für Sie wahrscheinlich erst mal völlig unverständlich.

Auch wenn ich Ihnen erkläre, dass Sie sich vielleicht die Zahl sieben als Zwerge merken können, weil es eben sieben Zwerge sind, oder vielleicht zehn als Bibel, weil es zehn Gebote gibt, ist es nicht so leicht nachzuvollziehen.
Trotzdem trifft es bereits den Kern der Sache: Wir wollen im Folgenden bei Ihnen die Fähigkeit entwickeln, sich Zahlen zwischen eins und neunundneunzig in Bildern vorzustellen. Nur so ist ein langfristiger Erfolg möglich.

Mit einer einfachen Zehnerliste funktioniert das erfahrungsgemäß nicht. Und zwar aus mehreren Gründen: Erstens, weil Sie zu wenig Abwechslung in den Zahlenbildern haben – Sie hätten ja dann nur zehn Bilder –, und zweitens weil die Trainingsdauer einfach zu kurz wäre.

Die voraussichtliche Übungsdauer von fünf bis sechs Stunden hat also nicht nur damit zu tun, wie Sie trainieren müssen. Es muss auch gewährleistet sein, dass Sie das System genügend lange in Ihrem Kopf einspeichern. Kopfrechnen konnten Sie ja auch nicht innerhalb von ein paar Stunden lernen, da mussten Sie relativ lange üben, bis Sie dann locker sagen konnten: „Sieben mal acht ist sechsundfünfzig!"

! *Also machen Sie sich auf eine unterhaltsame Phase von fünf bis sechs Lernstunden bereit, die in den nächsten paar Wochen oder auch nur Tagen stattfinden wird.*

Das Erste, was Sie jetzt lernen werden, ist eine Liste von zwanzig Wortbildern, die den Anfang einer Hunderterliste darstellt. Letztere wird uns, wenn sie erstellt ist, dazu dienen, sich Zahlen sofort, richtig, schnell und gut merken zu können.

Bereits mit der Zwanzigerliste werden Sie merken, dass Sie innerhalb von einer halben Stunde wesentlich mehr beherrschen, als Sie im Moment können, und ich werde dann mit dieser Zwanzigerliste zu spielen beginnen, damit Sie ein wenig motiviert werden. Sie werden feststellen, dass Sie dann bereits richtig gut mit ihr umgehen können. Die nächsten Schritte werden Ihnen umso leichter fallen.

! *Es kommt unter anderem darauf an, diese Liste nicht einfach an einem Stück und zu hastig zu lernen. Wichtiger ist, jeden Schritt zunächst für sich zu lernen und zu üben, um danach erst den nächsten zu tun, damit Sie nicht das Gefühl bekommen, überfordert zu sein.*
Sie sollten aber auch nicht das Gefühl haben, unterfordert zu sein. Das Lernen sollte daher in Ihrem individuellen Rhythmus weitergehen. Wenn Sie also merken, Sie beherrschen die aktuelle Lektion, können Sie ohne Weiteres das nächste Thema angehen. Einige brauchen dafür etwas länger und andere weniger lang, das ist okay so.

2 Die Baumliste

 1 – Baum

 11 – Fußball

 2 – Lichtschalter

 12 – Geist

 3 – Hocker

 13 – Fahrstuhl

 4 – Auto

 14 – Herz

 5 – Hand

 15 – Ritter

 6 – Würfel

 16 – Teenager

 7 – Zwerg

 17 – Karten

 8 – Achterbahn

 18 – Abend-
verkehr

 9 – Katze

 19 – Abend-
essen

 10 – Bibel

 20 – Tagesschau

☞ *Schauen Sie sich oben stehende Liste von zwanzig Wörtern genau an. Beim Durchlesen der Liste lassen Sie sich pro Wort drei Sekunden Zeit. Schließen Sie die Augen, konzentrieren Sie sich und schauen Sie mal, wie viele dieser Wörter Sie in Ihrem Kopf wieder abrufen können. Schreiben Sie Ihren ersten Versuch auf die nächste Seite in Ihr Übungsheft – ohne zu spicken! Schreiben Sie so viele Wörter auf, wie Sie bereits in Ihrem Gedächtnis abrufen können. Tun Sie das bitte **jetzt**.*

*

! *Eins liegt mir sehr am Herzen: Wenn Sie hier und heute etwas Neues lernen wollen, sollten Sie bereit sein zu akzeptieren, dass Erfolg und Misserfolg nahe beieinander liegen. Wo ist da die Grenze? Sind zehn richtige Wörter gut oder schlecht?*

Der Durchschnitt meiner Seminarteilnehmer schafft auf Anhieb sieben Wörter der zwanzig, und auch nicht unbedingt in der richtigen Reihenfolge. Ich sage dann zwar jeweils schmunzelnd: Je weniger Sie jetzt können, desto größer ist Ihr Potenzial, sich zu verbessern. Und das meine ich ernst.

Wenn Sie also meinen, Ihre Leistung wäre noch nicht so gut, sollten Sie sich motivieren: Das lerne ich schon noch! Ich schaffe das! Ich bleib da dran! Kurze Zeit später werden Sie Ihren Lernstoff richtig gut können und dann ist natürlich mehr Spaß angesagt. Und wenn Sie vorher nur drei konnten und am Schluss dann doch alle zwanzig wissen, ist das Erfolgserlebnis größer, als wenn Sie eh schon von vornherein fünfzehn Wörter aufsagen konnten.

Ihre Motivation sollten Sie aufbauen, indem Sie Fehler zulassen und indem Sie sich Ziele setzen, die realistisch sind. Verhalten Sie sich ruhig ein wenig wie ein kleines Kind beim Lernen. Kinder lernen im Spiel fürs Leben, da erzähle ich Ihnen nichts Neues. Also beobachten Sie mal ein Kind beim Spielen, Sie werden sehen, dass es seine Klötzchen immer wieder konzentriert aufeinanderstellt und sich vom Umfallen des Turmes überhaupt nicht beirren lässt. Das ist die richtige Einstellung!

Also gönnen Sie sich bitte mehrere Anläufe. Wenn das Prinzip erst mal in Ihrem Kopf verankert ist, werden Sie feststellen, dass es immer leichter wird.

Die Baumliste enthält Zahlenbilder, die man nicht spontan erkennt, bevor man nicht die Logik sieht, die dahintersteckt. Betrachten Sie daher die Baumliste – jetzt nummeriert – bitte noch einmal:

1. Baum (Form des Baumes)
2. Lichtschalter (zwei Möglichkeiten: ein, aus – also hell, dunkel)
3. Hocker (drei Beine, damit er nicht umfällt)
4. Auto (vier Räder)
5. Hand (fünf Finger)
6. Würfel (sechs Seiten)
7. Zwerg (sieben Zwerge)
8. Achterbahn
9. Katze (neun Leben)
10. Bibel (zehn Gebote)
11. Fußball (elf Spieler)
12. Geist (kommt um Mitternacht, 12 Uhr)
13. Fahrstuhl (hat keinen 13. Stock)
14. Herz (14. Februar: Valentinstag)
15. Ritter (15. Jahrhundert)
16. Teenager (16 Jahre alt)
17. Kartenspiel (das Kartenspiel heißt ‚17 und 4')
18. Abendverkehr (18 Uhr abends geht man nach Hause)
19. Abendessen (19 Uhr isst man/könnte man abendessen)
20. Tagesschau (kommt meist um 20 Uhr abends)

Sie sehen: Für die Zahl 1 habe ich einen Baum gewählt. Daher kommt auch der Name der Liste. Und warum ist die Eins ein Baum? Weil der Baumstamm die Form einer Eins hat. Zwei ist ein Lichtschalter, weil ich das Licht an- oder ausschalten kann, hell oder dunkel. Ich habe zwei Möglichkeiten.

Drei ist ein Hocker, dem reichen drei Beine, um nicht umzufallen. Vier ist ein Auto, es hat vier Räder in der Regel und die Fünf ist eine Hand mit fünf Fingern.

Nun sollten Sie mal die Augen schließen und einfach die fünf Worte, die jetzt gerade genannt wurden, vor Ihrem geistigen Auge vorbeiziehen lassen. Weil Sie ja bis fünf zählen können, geht das sicher schon mal gut abzurufen. Also Sie überlegen sich: Was war die Eins? Was war die Zwei? Machen Sie das jetzt mit den ersten fünf, öffnen Sie dann wieder die Augen und lesen Sie weiter.

*

Das ist doch ganz gut gegangen. Falls es Ihnen schwer gefallen ist, wiederholen Sie die Übung einfach bis Sie sich ganz sicher sind.

*

Gehen wir also die nächsten Zahlen an. Fangen wir mit der Sechs an, einem Würfel. Ein Würfel hat sechs Seiten. Bei der Sieben habe ich das Wort Zwerge genommen, weil es die sieben Zwerge gibt. Bei der Acht nehme ich eine Achterbahn, weil das eben genauso klingt und vielleicht auch so aussieht. Neun ist Katze, die dann neun Leben haben könnte (zumindest in Amerika). Man könnte sich auch eine sitzende Katze vorstellen, die ihren Schwanz in der Form einer Neun um sich gelegt hat. Die zehn Gebote der Bibel stehen für die Zehn, also ist das Wort Bibel das Zahlenbild für Zehn.

☞ *Jetzt machen Sie wieder die Augen zu und schauen Sie sich mal die letzten fünf Zahlen an, beginnend bei Sechs. Gehen Sie genauso vor wie bei den ersten fünf Zahlen. Wenn Sie die sechs Zahlenbilder können, machen Sie weiter.*

*

Wir haben jetzt also die ersten zehn Zahlen so mit Bildern verknüpft, dass Sie sich diese vorstellen können. Schreiben Sie nun also die ersten zehn Wörter hin und schauen Sie mal, ob Sie auch die entsprechenden Bilder dazu kennen. Wenn nicht, dann schauen Sie im Buch nach und machen dies so lange, bis Sie alle zehn können.

Dann erst kommen Sie zurück zum Text.

1. _____
2. _____
3. _____
4. _____
5. _____
6. _____
7. _____
8. _____
9. _____
10. _____

Gut, gehen wir weiter. Wir sind jetzt bei Elf, da habe ich mir überlegt, was ich denn für ein Zahlenbild nehmen könnte und kam auf Fußball, weil es elf Spieler gibt und den Elfmeter. Für Zwölf habe ich mir einen Geist als Zahlenbild ausgedacht, weil der um Mitternacht spukt. Bei Dreizehn wurde es ein Fahrstuhl, weil abergläubische Fahrstuhlfabrikanten den dreizehnten Stock weglassen.
Bei vierzehn sehe ich ein Herz, weil am 14. Februar Valentinstag ist und dies der Tag der Verliebten ist. Und die Fünfzehn ist ein Ritter, weil Ritter für das 15. Jahrhundert typisch sind.

Manche der Wortbilder mögen Ihnen etwas gekünstelt vorkommen. Es ist auch richtig schwierig, vernünftige Zahlenbilder aufzubauen, gerade wenn die Zahlen dann höher werden als zwanzig. Trotzdem nehmen wir zum Üben jetzt erst mal diese Bilder. Später können sie sich eigene Bilder kreieren, die Ihnen passender erscheinen.

Lesen Sie jetzt die Zahlen nochmal kurz durch: Elf ist Fußball, Zwölf ein Geist, Dreizehn ein Fahrstuhl, Vierzehn ist ein Herz und Fünfzehn ein Ritter. Jetzt schließen Sie wieder die Augen und lassen sich diese Bilder durch den Kopf gehen. Schauen Sie ruhig in unserer Liste mal nach. Wenn Sie sich sicher sind, diese Zahlenbilder zu beherrschen, kommen Sie wieder zurück zum Buch.

Nun noch die letzten fünf Zahlen: Sechzehn ist ein Teenager, weil man 16-Jährige manchmal Teenager nennt und siebzehn und vier ist ein Kartenspiel, daher für die Siebzehn das Wortbild Kartenspiel. Achtzehn ist der Abendverkehr, weil man um 18 Uhr abends nach Hause fahren könnte und somit auch um 19 Uhr abends zu Abend essen könnte – daher ist das Zahlenbild für Neunzehn Abendessen. Bei Zwanzig bin ich bei der Tagesschau.

☞ Und schon schließen Sie wieder die Augen, stellen sich diese fünf letzten Bilder vor und kommen zurück zum Buch.

☞ Jetzt haben Sie alle zwanzig Zahlenbilder richtig gut gelernt. Schreiben Sie nun alle Bilder von eins bis zwanzig ohne zu spicken auf.

1. _____
2. _____
3. _____
4. _____
5. _____
6. _____
7. _____
8. _____
9. _____
10. _____
11. _____
12. _____
13. _____
14. _____
15. _____
16. _____
17. _____
18. _____
19. _____
20. _____

☞ *Sie werden wahrscheinlich feststellen, dass die ersten zehn schon besser „sitzen" als die letzten zehn, da Sie diese ersten schon mal aufgeschrieben haben. Daher sollten Sie die Zahlenbilder schriftlich wiederholen, bis Sie wirklich alle beherrschen. Lassen Sie sich dafür Zeit, diese Liste muss sitzen! Dann werden wir weitermachen. Also los geht's.*

❗ *Wie genau müssen eigentlich diese Bilder sein? Das Tolle ist, dass sie gar nicht so präzise sein brauchen. Wenn ich beispielsweise jetzt Schneewittchen sage, dann wissen Sie wahrscheinlich sofort, welche Zahl ich meine: Schneewittchen und die sieben Zwerge, also muss es die Zahl Sieben sein.*

Oder wenn ich Moses sage, dann sind Sie sicher relativ schnell bei der Bibel, das muss also die Zahl Zehn sein. Das geht sogar so weit, dass Sie ein Wort wie Wassergraben im Kopf mit einem Ritter verbinden können. Also wären auch Wassergraben oder eine schöne alte Burg gute Zahlenbilder für Fünfzehn.

Ein Blumenstrauß und eine Umarmung können darum auch für die Zahl Vierzehn stehen, weil das doch irgendwie ganz gut zum Valentinstag passt!

Baum + Vogel
Lichtschalter Geist
Hocker Föhnstuhl
Auto Feen
Hand Ritter
Würfel Teenager
Zwerge Karten
Achterbahn Abendverkehr
Katze Abendessen
Bibel 20 Tagesschau

Warum diese lockere Art, die Zahlen darzustellen? Weil Sie dadurch später wesentlich kreativere, flexiblere Bilder haben. Sie sind dann nicht so eingeengt, und wenn Sie sich Zahlenbilder mithilfe von Geschichten merken, ist es oft einfach passender an eine Kirche zu denken statt an die Bibel – vielleicht lassen wir auch einen Pfarrer predigen oder die Chorknaben singen.

Für die Elf könnten außer dem Fußball an sich auch ein Fußballtor, die Mannschaft, eine Trillerpfeife oder ein Schiedsrichter passende Symbole sein. Diese Art von Flexibilität wird sehr angenehm für Sie sein.

Ich gehe jetzt davon aus, dass Sie die Baumliste beherrschen, wenn nicht, möchte ich Ihnen empfehlen nochmal zurückzublättern und die Baumliste zu wiederholen bis alles klappt.

Nehmen wir jetzt diese Baumliste, die Sie mit mir zusammen gelernt haben, und machen wir daraus mal ein kleines Zahlenspiel. Ich werde Ihnen jetzt eine Zahl anhand einer kleinen Geschichte erklären.

12 07 13 15 05 20 06 15 11 03

Werfen Sie nur einen kurzen Blick auf diese Zahl und überlegen Sie sich mal, wie man sie sich merken könnte. Der Trick ist dabei, in Zahlenpaaren zu denken, deshalb steht die Zahl bereits in Paaren da.

Diese zwanzig Stellen sind doch ziemlich lang. Laut vorsagen oder mehrfach abschreiben – das sind die Methoden aus der Schule, und darüber sind sich die Experten ja inzwischen einig, dass in der Schule nicht die optimalen Lehrmethoden angewendet werden. Daher lernen wir jetzt in Zahlenpaaren.

☞ *Also nehmen Sie jetzt mal einen Bleistift und zeichnen Sie Striche zwischen die jeweiligen Zahlenpaare, also nach der Zwölf, dann nach Null-Sieben usw. Jetzt haben Sie zehn Zahlenpaare vor sich liegen.*

Für unser Vorhaben wollen wir uns also die Zahlen in Paaren merken. Das heißt, wir verwenden Ziffernbilder für die jeweiligen Paare, und nun raten Sie mal, welche? Genau, die aus der Baumliste. Sie wissen ja nun, daß ein Zwerg beispielsweise die Sieben ist. Wenn ich ihnen jetzt eine Geschichte erzähle, in der ein Zwerg vorkommt, sollten Sie sich jedoch nicht nur die einzelne Sieben merken, sondern Null-Sieben – wir brauchen ja Paare. Im Moment sind wir natürlich auf die Baumliste begrenzt, sprich, wir kommen erst auf Zahlenbilder bis zwanzig, aber die Zahl, die vor Ihnen liegt, die schaffen wir auch so.

Gut, schauen wir uns jetzt mal die ganze Geschichte an. Lesen Sie folgenden Text durch, ohne die Zahl zu betrachten, und schauen Sie mal, ob Sie die Geschichte nachher wieder im Kopf zusammenbekommen, nachdem Sie sie zweimal gelesen haben.

Stellen Sie sich einen kleinen Geist vor, der vor Ihnen steht, und dieser Geist verwandelt sich in einen Zwerg. Er rennt in einen Fahrstuhl, und wenn die Fahrstuhltür sich öffnet, steht da bereits ein Ritter. Diesem Ritter schütteln wir jetzt die Hand und schauen in die linke Ecke des Fahrstuhls, wo ein Fernsehgerät steht und gerade die Tagesschau läuft. Oben auf dem Fernsehgerät liegt ein Würfel, auf dem Würfel sind aber keine Zahlen abgebildet, sondern kleine Herzchen. In der anderen Ecke des Fahrstuhls steht ein Fußballspieler, der auf seinem Fuß einen dreibeinigen Hocker balanciert.

☞ Lesen Sie bitte die Geschichte noch einmal durch und schauen Sie dann, ob Sie die Geschichte im Kopf mit geschlossenen Augen wiederholen können; wenn nicht, schauen Sie sich die Geschichte nochmal an und versuchen Sie es noch ein weiteres Mal. Beim dritten Mal

sollte die Geschichte eigentlich bei Ihnen ange-
kommen sein. Tun Sie das bitte jetzt.

Das hat doch ganz gut funktioniert, nicht wahr?
Wenn Sie sich die Geschichte so erzählt haben
und wissen, dass ein Geist die Zwölf darstellt,
dann können Sie sagen, vor mir steht ein Geist,
das ist zwölf – der wird zum Zwerg, dann schreiben Sie hin Null-Sieben. Vergessen Sie die Null
nicht, weil wir uns ja die Zahlenpaare ja mit den
Ziffern so merken, dass die Ziffer eine Null vorne
hat!

Als Nächstes rennt dieser Zwerg in einen Fahrstuhl, die nächste Zahlenkombination ist also die
Dreizehn, der Ritter symbolisiert die Fünfzehn,
dem schütteln wir die Hand = Null-Fünf.
Schließlich ein Fernsehgerät mit der Tagesschau
für die Zwanzig, oben darauf liegt ein Würfel,
also Null-Sechs und auf dem Würfel sind Herzchen, das ist die Vierzehn. Auf der anderen Seite
steht ein Fußballspieler für die Elf, der balanciert
auf seinem Schuh einen Hocker mit drei Beinen,
das wäre Null-Drei.

☞ *Schreiben Sie jetzt möglichst viel von*
dieser zwanzigstelligen Zahl hin.

Schauen Sie wieder zurück auf Seite 25, ob Sie die Zahl komplett aufgeschrieben haben. Oder haben Sie noch etwas vergessen? Wenn ja, lesen Sie einfach nochmal die Geschichte durch, schließen Sie dann das Buch und schreiben Sie ein weiteres Mal die Zahl hin, bis Sie die Zahl richtig schreiben können und dann lesen Sie weiter.

*

War das nicht ein tolles Ergebnis? Plötzlich können Sie sich eine zwanzigstellige Zahl merken, auch wenn Sie vielleicht fünf Mal geübt haben. Ob sieben Mal oder vielleicht auch nur zwei Mal – das ist völlig unerheblich, es kommt nur darauf an, dass Sie sich plötzlich eine so große Zahl *sicher* merken können.

Sicher merken heißt, dass Sie eigentlich nicht mehr aus der Ruhe zu bringen sind. Die Zahl steht so da, wie Sie sie im Kopf haben. Es kann schon mal sein, dass Sie eine Zahl irgendwo vergessen, aber beim zweiten oder dritten Mal Üben werden Sie daran denken, dass doch auf diesem Fernsehgerät beispielsweise ein Würfel liegt mit den Herzen, auch wenn Sie den beim ersten Mal vergessen haben.

Nun, Sie sehen natürlich auch, dass dies ein limitiertes System ist, denn Sie sind darauf angewiesen, dass alle Zahlenpaare zwanzig oder weniger als Inhalt haben. Das klappt logischerweise nur mit wenigen Zahlen. Nehmen wir mal ein anderes Beispiel: Telefonnummern. Ich hatte früher mal folgende Nummer: 7671774.

So eine siebenstellige Zahl lässt sich nicht in Paare aufteilen, also habe ich mir damals angewöhnt, die Zahlen immer so zu merken, dass ich von rechts nach links zweistellige Zahlenpaare bilde. Wenn es dann nicht aufgeht, weil die Zahl ungerade ist, habe ich immer die erste Zahl in einer Dreiergruppe dargestellt. Aber das wiederum hat mich dazu gezwungen, die Fähigkeit zu entwickeln, mir eine dreistellige Zahl merken zu können. Zu den dreistelligen Zahlen kommen wir jedoch erst im letzten Kapitel.

Wenn wir also für jedes Zahlenpärchen ein Bild haben möchten, brauchen wir eine einhundert Punkte lange Liste, sodass wir uns auch 67 oder 74 als Bild vorstellen können.
Vor uns liegen also zwei große Aufgaben: Erstens müssen wir eine Hunderterliste erstellen und zweitens müssen wir lernen, die Hunderterliste so zu erweitern, dass sie bei Bedarf zu einer Tausenderliste wird, um auch dreistellige Zahlen darstellen zu können.

Das ist ein Lernaufwand von etwa zwei Stunden, den wir nun gemeinsam erarbeiten werden, und zwar immer in Zehnergruppen. Sobald Sie eine neue Bildergruppe beherrschen, nehmen wir uns die nächste vor. Diese werden Sie üben, üben, üben!

Wenn Sie die Hunderterliste beherrrschen, können Sie auch sehr schnell – es geht in etwa fünf Minuten – eine Tausenderliste erlernen. Deshalb bearbeiten wir diese noch am Schluss des gesamten Konzeptes. Es lohnt sich wirklich, jetzt diesen Weg intensiv zu beschreiten und auch wirklich alle Übungen aktiv mitzumachen, Sie werden sehen, es macht Spaß!

☞ *Sie können das auch in Ihrer Familie oder in Ihrem Freundeskreis oder, wenn Sie Lehrerin oder Lehrer sind, mit Ihrer Schulklasse spielerisch üben. Los geht's!*

3 Die Hunderterliste

Zuerst muss mal gesagt werden: Von dieser Hunderterliste beherrschen Sie bereits die ersten zwanzig Zahlenbilder! Und wie sehen die Zahlenbilder von 21 bis 99 aus? Ich werde in Zehnerblöcken arbeiten, beginnend mit der Nummerierung einer fiktiven Wohnung. Das ist ein Trick, den die alten Römer entwickelt haben und der zum Beispiel von Leonardo da Vinci und Michelangelo mit viel Erfolg angewendet wurde.

Die Technik ist also eigentlich nicht neu, sondern es ist eher die Art und Weise, wie ich sie Ihnen jetzt beschreibe, ist neu. Ich habe sie mit Tausenden von Studenten und Seminarteilnehmern geübt, bis ich merkte, wie man jemandem so eine Liste effizient und nachhaltig beibringen kann. In diesem Buch ist außerdem neu, dass ich Ihnen eine Hunderterliste vollständig vorgebe – bislang habe ich jeweils meinen geneigten Leserinnen und Lesern gesagt: Machen Sie doch bitte Ihre eigene fiktive Wohnung und nummerieren Sie diese als Ihre eigene Küche, Ihr eigenes Schlafzimmer, Ihr eigenes Wohnzimmer usw.

Ich habe aber gemerkt, dass viele Leute aus welchen Gründen auch immer gewisse Hemmungen hatten. Vielleicht dachten sie an ihre reale Wohnung und fürchteten, diese ja mal neu zu möblieren, vielleicht dachten sie, wenn sie umziehen, müssten sie ihr System ändern, oder vielleicht hatten sie einfach keine Idee, was sie nehmen sollten. Also diktiere ich Ihnen quasi eine Standardwohnung, aber Sie können selbstverständlich auch Ihre persönliche Wohnung nehmen – tun Sie das dann bitte analog zu meinen Vorschlägen.

! *Selbstverständlich können Sie immer mit eigenen Bildern arbeiten, aber wenn Sie zum Beispiel im Schulbetrieb tätig sind, werden Sie wahrscheinlich ein einheitliches Zahlensystem für Ihre Klassen brauchen. Es ist einfach sinnvoller, wenn alle Schüler die gleichen Bilder haben. Sie werden in der Praxis davon profitieren, wenn Sie etwa Geschichtsdaten mit den Schülern lernen, und bei allen die gleichen Bilder voraussetzen. Nicht dass der eine Schüler für die 65 vielleicht ein Auto sieht und der andere sieht eine Zahnbürste – das macht wenig Sinn.*

Also immer dann, wenn Sie mit größeren Gruppen arbeiten oder in der Familie gemeinsam Zahlenbilder haben möchten, nehmen Sie die Bilder, die ich Ihnen vorgebe. Wenn Sie alleine lernen und meinen, für Sie ist es wichtiger, Ihre persönliche Wohnung zu sehen, dann nehmen Sie diese.

Wie Sie die Zimmer aufbauen, können Sie anhand der Standardbilder nachvollziehen.

B Wir werden jetzt eine fiktive Wohnung aufgliedern, so dass wir einen halbwegs logischen Ablauf haben, zum Beispiel beginne ich in meinem Kopf beim Schlafen, ich bin also im Schlafzimmer, die Zahlen 21 bis 30 werden also im Schlafzimmer zu finden sein. Am Morgen nach dem Schlaf gehe ich als Erstes ins Bad und somit ist die Zahlengruppe 31 bis 40 im Badezimmer zu finden.

Nach dem Bad gehe ich in die Küche frühstücken, also sind 41 bis 50 in der Küche. Danach werde ich durch mein Wohnzimmer gehen, somit ist die Zahlengruppe 51 bis 60 im Wohnzimmer zu finden, anschließend werde ich in den Garten schlendern, das ist die Zahlengruppe 61 bis 70, um dann vom Garten aus in mein Büro zu joggen. Das Büro wäre dann 71 bis 80.

Ich fahre abends wieder mit meinem Auto nach Hause (egal wo das jetzt herkommt), also sind hier 81 bis 90 angesiedelt. Und zu Hause werde ich meinen Körper über Nacht ausruhen, somit ist die Zahlengruppe 91 bis 100 auf Ihrem Körper zu finden.

1 -	20	Baumliste
21-	30	Schlafzimmer
31 -	40	Badezimmer
41 -	50	Küche
51 -	60	Wohnzimmer
61 -	70	Garten
71 -	80	Büro
81 -	90	Auto
91 -	100	Körper

Und schon haben wir die gesamte Hunderterliste. Wenn Sie jetzt mal die Augen schließen und sich den Ablauf vorstellen, also dass Sie am Morgen aufstehen, ins Bad, in die Küche, durchs Wohnzimmer in den Garten und dann zur Arbeit ins Büro gehen und abends mit dem Auto nach Hause fahren und den Körper ausruhen, dann haben Sie die Reihenfolge dieser Liste schon als Überblick im Kopf, bevor Sie die einzelnen Details lernen. Rufen Sie das jetzt mal im Kopf als Geschichte ab.

Ich werde Ihnen später den Trick verraten, wie Sie einzelne Zahlengruppen sofort direkt erkennen. Aber zuerst sollten Sie einmal den ganzen Ablauf im Kopf haben, so dass Sie die Geschichte im

Ganzen überblicken. Tun Sie das bitte jetzt und kommen Sie dann wieder zurück zum Buch.

*

Gut, Sie kennen jetzt die richtige Reihenfolge. Wie wäre es nun, wenn Sie eine Zahl hören und sofort wissen könnten, in welches Zimmer diese gehört? Beispielsweise die 53. Sie wissen natürlich, dass 53 mit einer Fünf beginnt. Sie möchten sich nun auch ins richtige Zimmer begeben (das wäre jetzt in diesem Fall das Wohnzimmer) ohne nachschauen zu müssen.

! *Da gibt es einen ganz simplen Trick: Sie kennen ja schon die Baumliste und somit ist für Sie die Zahl Zwei ein Lichtschalter, Drei ist ein Hocker, Vier ist ein Auto, Fünf ist die Hand, Sechs ist ein Würfel, Sieben ist ein Zwerg, Acht ist die Achterbahn, Neun ist die Katze und so weiter. Nun brauchen Sie sich nur noch vorzustellen, wie im Schlafzimmer morgens das Licht anmachen. Licht bedeutet die Zahl Zwei, also sind im Schlafzimmer die Zahlen, die mit Zwei beginnen, mit Ausnahme der letzten Zahl.*

Der Grund dafür liegt schlicht und einfach darin, dass Zählen und Nummerieren parallel sein sollten. Also sollte der erste Gegenstand im Zimmer

die Zahl eins oder elf oder 21 oder 31 symboli-
sieren usw., der dritte wäre die drei, 13, 23 usw.
Stellen Sie sich vor, der dritte Gegenstand wäre
die Zwei, die Zwölf oder 22, 32 usw.! Da würden
Sie mit dem Zählen und dem Nummerieren ganz
schön durcheinander kommen.

Also habe ich das kleinere der zwei Übel genommen, deshalb beinhaltet jede Zahlengruppe als
letzte Zahl eine, die mit einer anderen Ziffer
vorne beginnt – so beinhaltet die 30er Gruppe
auch die Zahl 40, und die 40er geht mit 41 los.

! *Und jetzt zurück zu unserem Trick, welche
Zahl in welches Zimmer gehört: Sie wissen
also, im Schlafzimmer ist die Zahlengruppe Zwei,
weil im Schlafzimmer ja Licht gemacht wird. Jetzt
gehen Sie ins Bad und setzen sich vor das
Waschbecken auf einen Hocker mit drei Beinen.
Die Zahlen, die mit Drei beginnen, sind also im
Badezimmer. Wenn Sie in die Küche gehen, steht
dort ein Herd mit vier Kochplatten, dann sehen
Sie die Zahlengruppe Vier in der Küche. Im
Wohnzimmer brauchen Sie zum Möbelreinigen
einen Handschuh, damit es beim Polieren keine
Fingerabdrücke gibt, also sehen Sie jetzt automatisch die Fünfergruppe der Zahlen im Wohnzim-
mer.*

Draußen im Garten sehen Sie von Ihren Kindern (oder denen vom Nachbarn) Spielwürfel herumliegen, die ja sechs Seiten haben, und schon wissen Sie, draußen im Garten ist die Zahlengruppe mit der Sechs abgelegt. Im Büro arbeiten Heinzelmännchen oder die sieben Zwerge mit Ihnen zusammen, die Zahlengruppe mit der Sieben beginnt also offenbar im Büro. Nun wollen Sie mit dem Auto nach Hause fahren und sehen, einer der Reifen hat einen Achter – fühlen Sie mal, wie das eiert! –, dann sehen Sie die Achter-Zahlen im Auto. Um Ihren Körper herum schleicht noch eine Katze mit neun Leben, schon haben Sie die Neuner-Zahlen beim Körper.

☞ *Lassen Sie sich diese Bilder mal genau durch den Kopf gehen. Stellen Sie sich Farben und Gerüche und Gefühle vor, um diesen Trick zu verankern. Schreiben Sie die Geschichte aus dem Kopf einmal ganz auf. Tun Sie das bitte **jetzt!***

*

Wenn ich Sie also jetzt frage, in welchem Zimmer finden Sie die 63, sollten Sie den Würfel sehen. Es muss also im Garten sein, weil im Garten die Spielwürfel der Kinder sind. 72? Das beginnt mit Sieben, also muss das im Büro sein, weil da die sieben Zwerge arbeiten.

Schauen Sie sich jetzt bitte die folgenden Zahlen in der Liste an und überlegen Sie, in welche Zahlengruppe/welches Zimmer sie gehören. Üben Sie ein wenig, um Sicherheit im Einteilen der Zahlen zu gewinnen. Sie sollten beim Anblick oder beim Hören einer Zahl automatisch ins richtige Zimmer gehen. Üben Sie also jetzt und lesen Sie weiter, sobald Sie das Gefühl haben, das System zu beherrschen.

34
94
85
27
56
83
35
48
79
65
94
25
72
91
68
51
34
57
84

Die Zahlengruppe von 21 bis 30 – Schlafzimmer

2B Schauen wir uns mal so ein fiktives Schlaf- zimmer an, das beginnt mit einem Bett, darauf ein Kissen und eine Bettdecke. Daneben steht ein Nachttischchen und darauf ein Wecker. Das Nachttischchen hat eine Schublade, daneben hängen Vorhänge und wenn Sie zum Fenster hin- ausschauen, sehen Sie den Mond und die Sterne. Außerdem ist im Zimmer noch ein Kleider- schrank.

Malen Sie dieses Bild in Gedanken, schließen Sie die Augen und stellen Sie sich diese Bilder möglichst genau vor. Den Wecker schalten Sie übrigens mit der Hand aus, wenn er klingelt, und schon haben Sie einen Anker: Die 25 ist der Wecker. Und wenn Sie sich hinter dem Vorhang noch die sieben Zwerge vorstellen, sehen Sie sofort die 27, das ist Ihr nächster Anker.

*

! *Die Anker mit der Fünf und der Sieben fixie- ren wir in jedem Zimmer, damit Sie die Zahlen leichter wiederfinden können.*

☞ Sie haben also das Bild des Schlaf-
zimmers verinnerlicht. Schreiben Sie nun die
zehn Merkpunkte in der richtigen Reihenfolge
und nummeriert hin. Tun Sie das jetzt und kommen Sie dann zurück zum Text.

21.	_____
22.	_____
23.	_____
24.	_____
25.	_____
26.	_____

```
27._____
28._____
29._____
30._____
```

*

Sicher haben Sie jetzt gemerkt, wenn Sie die 25 hinschreiben, denkt Ihr Gehirn auch an den mit der Hand berührten Wecker. Und hinter dem Vorhang waren die sieben Zwerge, also ist da die 27. Wenn Sie jetzt überlegen, wo die 29 ist, muss Ihr Gehirn nur noch von der 27 aus starten – 28 = Mond, 29 = Sterne, somit sind Sie sehr schnell am richtigen Punkt.

Das Konzept dieses Zimmers, der Zahlen von 21 bis 30, dürften Sie jetzt im Griff haben. Sicher: Bis das Ganze locker ohne langes Nachdenken klappt, dauert es noch ein paar Tage, aber Sie haben schon mal eine gute Basis geschaffen. Sind Sie so weit, dass wir jetzt die nächste Zehnergruppe jetzt miteinander lernen? Wenn nicht, überarbeiten Sie das Kapitel über die Schlafzimmerliste nochmal.

*

Die Zahlengruppe von 31 bis 40 – Bad

zB Gut, schauen wir jetzt mal ein Bad an. Da beginne ich bei der Wanne mit einem Duschschlauch. Auf dem Wannenrand liegen ein Schwamm und eine Seife. Daneben sind Badetücher, die nehme ich in die Hand, das ist somit der Anker für die 35. Dann habe ich einen Medizinschrank und ein Waschbecken, wo gerade die sieben Zwerge drin baden, damit habe ich den Anker für die 37. Außerdem sind da noch eine eine Zahnbürste und ein Rasierer. Zum Schluss steht hier noch eine Toilette.

Also nochmal: Wenn ich durch dieses Bade-zimmer gehe, sehe ich eine Badewanne, einen Dusch-Schlauch, einen Schwamm, die Seife, die Badetücher – das muss die 35 sein, weil ich die Tücher in die Hand nehme. Dann kommt ein Medizinschrank und das Waschbecken, in dem die sieben Zwerge baden, da ist also die 37. Schließlich noch die Zahnbürste, der Rasierer und die Toilette für die 40.

☞ *Schließen Sie wieder die Augen und denken Sie sich einmal durch dieses fiktive Badezimmer durch. Sobald Sie das können, schreiben Sie die Zahlenbilder inklusive der Zahlen auf, damit Sie das Ganze sicher beherr-schen. Machen das so lange und so oft, bis Sie es wirklich können. Und dann kommen Sie zurück zum Buch.*

31. _____
32. _____
33. _____
34. _____
35. _____
36. _____
37. _____
38. _____
39. _____
40. _____

Die Zahlengruppe von 41 bis 50 – Küche

Jetzt sind wir schon bei der Zahl 41, wir springen also in die Küche, weil in der Küche ja der Herd vier Platten hat. Anhand des Herdes mit den vier Platten erkennen Sie automatisch, dass die Zahlengruppe mit Vier in der Küche ist.

B Es beginnt beim Herd, darauf steht eine Pfanne, die ich waschen muss. Also gehe ich ans Waschbecken, den alten Inhalt der Pfanne werfe ich in den Abfalleimer. Die Kühlschranktür öffne ich mit der Hand, somit ist das die Fünf und die signalisiert die 45.

Im Kühlschrank stehen Milch und Butter drin, über die Butter spazieren die sieben Zwerge – und was wissen Sie jetzt? Natürlich, 47 ist die Butter. Neben dem Kühlschrank gibt es einen Mikrowellenofen, dort steht Geschirr und daneben liegt Besteck.

Somit haben Sie jetzt schon wieder zehn Zahlenbilder, nämlich die für 41 bis 50.

☞   *Wiederholen Sie diese Liste: Es beginnt bei der Herdplatte, dann Pfanne, Waschbecken, Abfalleimer, Kühlschrank, Milch, Butter, Mikrowellenofen, Geschirr und Besteck.*
Schließen Sie wieder die Augen und lassen Sie das Zimmer Revue passieren. Decken Sie nun alles Vorangegangene ab und schreiben Sie dann die Zahlen und Wörter aus dem Kopf auf. Sobald Sie die Küchenliste sicher beherrschen, machen wir weiter.

```
41._____
42._____
43._____
44._____
45._____
46._____
47._____
48._____
49._____
50._____
```

☞ *Es ist ja nicht nötig, dass Sie an einem Tag alle diese Zimmer auf einmal lernen. Wählen Sie Ihr eigenes Lerntempo, es ist absolut in Ordnung, wenn Sie pro Tag ein Zimmer lernen. Bevor Sie ein neues Zimmer lernen, sollten Sie alle bisherigen Bilder wirklich gut kennen.*

☞ *Also nehmen Sie jetzt ein Blatt und schreiben Sie alles auf zwischen Null-Eins, das wäre der Baum, bis Zwanzig, und anschließend das Schlafzimmer, das Bad und die Küche. Es versteht sich, dass Sie erst mal nicht spicken sollten! Solange Sie noch irgendwie unsicher sind, wiederholen Sie die betreffende Liste. Es hat nicht viel Sinn, sich vorzuarbeiten, solange noch Zahlen fehlen.*

Die Zahlengruppe von 51 bis 60 – Wohnzimmer

Wussten Sie noch, in welchem Zimmer die Zahlengruppe 51 bis 60 liegt? Wo trugen wir denn die Handschuhe? Natürlich im Wohnzimmer, wenn wir die Möbel polieren, damit es keine Fingerabdrücke gibt.

Im Wohnzimmer beginne ich mit einem Sofa, daneben steht ein Tisch mit einer Lampe darauf, daneben gibt es eine Bücherwand und gleich daneben befindet sich ein Fernsehgerät. Dieses Fernsehgerät bediene ich mit meiner Hand. Warum tue ich das? Damit Sie sofort sehen, dass die 55 auf dem Fernsehgerät liegt. Dann habe ich da eine Stereoanlage und einen Videorecorder, in den Videorecorder schiebe ich gerade den Film Schneewittchen und die sieben Zwerge – schon habe ich meinen Anker für die 57. Außerdem sind da noch eine Fernbedienung, eine Pflanze und am Boden ein Teppich. Das war bereits das Wohnzimmer!

Das Prozedere ist wie gehabt: Sie schließen die Augen und visualisieren das Wohnzimmer. Schreiben und zeichnen Sie das Zimmer auf ein Blatt. Versuchen Sie, es auswendig aufzuschreiben und dann gehen wir weiter zum nächsten Gruppenbild.

51. _____
52. _____
53. _____
54. _____
55. _____
56. _____
57. _____
58. _____
59. _____
60. _____

Die Zahlengruppe von 61 bis 70 – Garten

Wo sind wir mit den Zahlenbildern für 61 bis 70?
Klar, im Garten, da liegen die Kinderwürfel herum.

zB Im Garten sehe ich einen Weg, einen Zaun und vor dem Zaun einen Sandkasten, in dem eine Schaufel liegt. Daneben steht ein Rasenmäher, den bediene ich mit meiner Hand, somit weiß ich natürlich, dass der Rasenmäher die 65 sein muss.

Was mache ich mit dem Rasenmäher? Natürlich den Rasen mähen und somit ist der Rasen das nächste Bild. Hier liegt nun ein Schlauch, der wird von den sieben Zwergen bedient – 67, dann stehen da Gartenmöbel, eine Schaukel und ein Brunnen.

☞ *Wiederum schließen Sie die Augen und stellen sich diesen Garten intensiv vor. Schreiben Sie, sobald Sie sich dazu fit fühlen, diese zehn Bilder in der richtigen Reihenfolge mit den entsprechenden Zahlen auf. Tun Sie das bitte jetzt. Wenn Sie die bisherigen Listen beherrschen, lesen Sie bitte weiter.*

61. _____
62. _____
63. _____
64. _____
65. _____
66. _____
67. _____
68. _____
69. _____
70. _____

Die Zahlengruppe von 71 bis 80 – Büro

Toll, jetzt sind wir schon bei sechzig Prozent der gesamten Hunderterliste! Also fassen Sie Mut, das Meiste ist geschafft. Wir sind jetzt im Büro, weil dort ja da die sieben Zwerge arbeiten. So wissen wir automatisch, dass es um die Zahlen 71 bis 80 geht.

zB Wir beginnen bei einem Schreibtisch, auf dem Papier liegt, Schreibzeug, ein Telefon und ein Computer. Den Computer bedienen wir mit der Hand, darum ist der Computer also die 75.

Der Computer hat eine Tastatur, daneben steht ein Drucker und darauf hüpfen die sieben Zwerge, das ist also die 77. Der Drucker hat ein Kabel, außerdem ist da ein Schrank mit Ordnern und in der Ecke haben wir noch ein Faxgerät.

Somit sind Sie schon wieder so weit, dass Sie diese Zehnerliste mit geschlossenen Augen visualisieren können. Sobald Sie das Bild im Kopf haben, schreiben Sie alles in der richtigen

Reihenfolge und nummeriert auf. Tun Sie das bitte jetzt. Sobald Sie die Liste sicher im Gedächtnis verankert haben, lesen Sie bitte weiter.

71. _____
72. _____
73. _____
74. _____
75. _____
76. _____
77. _____
78. _____
79. _____
80. _____

! *Ein kleiner Tipp noch: Haben Sie die letzten paar Mal beobachtet, wie lange es dauert, bis Sie so eine Zimmerliste verinnerlicht haben? Erfahrungsgemäß ist es beim ersten Mal noch relativ mühsam. Beim zweiten Mal geht es eigentlich schon recht gut und beim dritten Mal merken Sie richtig, wie es zu greifen beginnt, wie die Bilder schnell und sicher kommen. Versuchen Sie zum Beispiel mal, die Listen rückwärts aufzuschreiben!*

Geben Sie nicht auf! Auch wenn Sie mehrere Versuche brauchen – das macht nichts! Stellen

Sie Ihren persönlichen Zeitplan auf, versuchen Sie sich daran zu halten und wenn Sie einen weiteren Tag brauchen, um einen bestimmten Raum in Ihrem Kopf zu bekommen, dann ist das in Ordnung. Wenn Sie das System erst einmal verinnerlicht haben, werden Sie feststellen, was man alles damit machen kann. Aber dazu braucht es große Sicherheit, damit Sie nicht durcheinanderkommen: Ist jetzt im Büro beim Kabel die 78 oder die 77? Sie müssen sicher sein, dass es 78 ist, damit Sie dann auch mit diesen Zahlenbildern umgehen können. Warum ist das Kabel 78? Weil auf dem Drucker die sieben Zwerge hüpfen.

Wenn Sie also das Büro gut können, kommen wir zum nächsten Zimmergruppenbild.

Die Zahlengruppe von 81 bis 90 – Auto

zB Wir werden das Auto einfach von vorne bis hinten durchnummerieren und beginnen mit der Stoßstange, dann haben wir die Motorhaube, die Scheibenwischer, die Scheiben selbst und das Lenkrad, das nehmen wir in die Hand, da wissen Sie also, das Lenkrad ist die 85.

Dann gibt es auf dem Lenkrad eine Hupe, in der Mitte ist die Gangschaltung oder die Automatik, da stellen Sie sich einen kleinen Zwerg vor, den man am Kopf berührt und dann schaltet er – das ist Ihr

Anker für die 87. Schließlich haben wir ein CD-Radio-Gerät und das Ablagefach beim Beifahrersitz. Der Kofferraum symbolisiert noch die 90.

☞ Und wieder machen Sie die Augen zu und stellen sich das Auto vor. Dann schreiben Sie die Liste nummeriert auf. Sobald Sie die Liste sicher beherrschen, kommen Sie zurück. Tun Sie das also bitte jetzt.

81._____
82._____
83._____
84._____
85._____

86.	_____
87.	_____
88.	_____
89.	_____
90.	_____

*

Die Zahlengruppe von 91 bis 100 – Körper

Wunderbar, jetzt kommen wir noch zu der letzten Liste, der Körperliste.

zB Wir beginnen ganz unten bei den Füßen. Am besten ist, wenn Sie jetzt aufstehen und tatsächlich die Füße berühren. Beim Stehen ist nämlich die Reihenfolge eindeutig. (Beim Sitzen könnte es ja sein, dass Sie die Knie übereinander geschlagen haben.) Nach den Füßen berühren Sie Ihre Knie, die Oberschenkel, das Gesäß und die Taille. Und weil Sie die Hand jetzt ganz bewusst in die Taille stemmen, wissen Sie, das ist die 95.

Dann kommen der Brustbereich und die Schulter, auf den Schultern übrigens stehen die sieben Zwerge, denen können Sie vielleicht mal Hallo sagen – 97! Schließlich berühren Sie den Hals, das Gesicht und die Haare.

! *Übrigens: Wie Sie den jeweiligen Körperteil nennen, ist nicht so wichtig, denken Sie an die Baumliste und unser Beispiel mit dem Fußball, der Spielerelf, dem Schiedsrichter usw. Sie könnten also statt Oberschenkel auch Hosentasche sagen, es kommt nur darauf an, dass Sie sich an die richtige Reihenfolge erinnern.*

👉 *So, und jetzt noch ein letztes Mal Augen schließen, Gruppe abrufen, alles aufschreiben und wieder zurück zum Buch kommen, sobald Sie alles gut können.*

```
 91._____
 92._____
 93._____
 94._____
 95._____
 96._____
 97._____
 98._____
 99._____
100._____
```

*

Erste Anwendungen

So, jetzt haben Sie die gesamte einhundert Punkte lange Liste in Zehnergruppen gelernt! Sehr gut! Sie wissen auch, wo sich welche Zahlengruppe befindet: Sie sagen, im Bad sitze ich auf dem Hocker, und wissen, da ist die Dreiergruppe. Und wenn Sie dann noch wissen, dass Sie die Badetücher in die Hand genommen haben, haben Sie sofort die Zahl 35, das ist eben das Bild Badetuch. 36 ist logischerweise dann der Medizinschrank und 37 das Waschbecken, wo die sieben Zwerge baden.

☞ *Sie sollten jetzt mehrmals mit geschlossenen Augen diese gesamte Hunderterliste durchdenken, bis Sie das Gefühl bekommen, dass Sie bei der kompletten Liste keine Schwierigkeiten mehr haben. Lassen Sie sich dafür mehrere Tage Zeit, denn um etwas im Langzeitgedächtnis zu verankern, sollte es mindestens sechsmal über einen Zeitraum von mehreren Tagen wiederholt werden.*

*

! *Sie sollten die Hunderterliste im Alltag immer wieder anwenden – dafür lernen Sie sie ja auch. Informationen, die Sie innerhalb eines halben Jahres nicht verwenden, gehen langsam wieder verloren. Halten Sie also Ihr Wissen in Ihrem Kopf lebendig!*

☞ *Ich möchte Ihnen folgende Übung vorschlagen: Gehen Sie beim Lernen nicht immer nur nach Zimmern vor, sondern zum Beispiel, nach den Schlussziffern. Nehmen Sie mal alle Zahlen, die mit Drei enden – also Drei wäre der Hocker, Dreizehn der Fahrstuhl, 23 die Bettdecke usw.*

☞ *Ebenfalls gut zum Üben: Gehen Sie die Zimmer rückwärts durch. Auch hier wird erst mal visualisiert, dann aufgeschrieben.*

☞ *Schließlich nehmen Sie spontan irgendwelche zweistelligen Zahlen und legen Sie in den richtigen Zimmern bei den richtigen Gegenständen ab. Das kann man gut zu zweit machen, einer sagt die Zahlen, der andere muss sie einordnen.*

*

Sobald Sie die Sicherheit haben, dass Sie die Hunderterliste gut im Kopf verankert haben, wäre der nächste Schritt fällig: dass wir ein wenig beginnen, damit zu spielen. Nehmen wir vielleicht mal eine dreißigstellige Zahl? Sie können sich auch Telefonnummernlisten merken oder ein paar Geschichtsdaten. Ich habe zum Beispiel jeweils beim Autofahren einfach so die die Autonummern einsortiert. Einfach Zweiergruppen bilden und üben!

☞ *Oder Sie lernen etwas, was einen persönlichen Bezug zu Ihnen hat. Zum Beispiel die Geburtstage Ihrer Familie, aber auch der Freunde, Bekannten und Kollegen. Es ist ein tolles*

Erfolgserlebnis, wenn Sie sich plötzlich zehn neue Geburtstage ganz einfach merken können.

*

Also Sie können die Hunderterliste jetzt wirklich. Wir wollen nun eine x-beliebige dreißigstellige Zahl auswendig lernen, die ich Ihnen jetzt vorgebe und aus der ich für Sie eine Geschichte mache. Anschließend können Sie anhand der vorgeschlagenen, wie auch mit selbst ausgedachten dreißigstelligen Zahlen weiterüben.

! *Bitte lesen Sie nicht weiter, bevor Sie diese fünf weiteren dreißigstelligen Zahlen gelernt haben, damit Sie ein wenig Training haben!*
Diese erste dreißigstellige Zahl werde ich mit unseren gemeinsamen Bildern in eine Geschichte umwandeln, damit Sie sehen, wie das funktionieren kann. Sie können sich ja sicher noch an die Zahl vom Anfang des Buches erinnern, nämlich die Geschichte mit diesem Geist, der in einen Zwerg verwandelt wird, daraufhin in einen Fahrstuhl rennt, dann der Ritter ... Diese Zahl können Sie sicher noch abrufen.

*

Hier kommt unsere nächste Übung:

34 87 59 76 51 12 64 49 89 03,28 65 02 76 99

Bei dieser Zahl mit dreißig Stellen brauchen wir nun fünfzehn Bilder. Wir werden dabei in Fünfergruppen vorgehen. Ich habe herausgefunden, dass diese Unterteilung für die meisten Menschen am einfachsten klappt.

Die erste davon lautet: 34 87 59 76 51. Die zweite Fünfergruppe ist 12 64 49 89 03, die dritte 28 65 02 76 99. Und jetzt werden wir mit der bekannten Bilderwelt diese Zahlen in kleine Geschichten verwandeln.
Ich werde Ihnen die Geschichte einfach mal vorerzählen und Sie werden sich erklären, wie ich dazu komme. So sehen Sie, wie ich die Geschichten verknüpfe.

Also los geht´s: Die erste Gruppe lautet also 34 87 59 76 51. Diese Zahlenpaare müssen wir jetzt in einer logischen Reihenfolge ablegen. Fangen wir unten an: Da ja die 34 eine Seife darstellt, können Sie auf Ihre Zehen schauen und sich vorstellen, wie Sie Ihre Zehen mit einem Stück Seife waschen. Mit diesen gewaschenen Füßen wollen Sie im Auto die Gänge schalten = 87. Da das nicht gut geht, fahren Sie mit dem Auto in ein paar Pflanzen = 59, an den Pflanzen hängt eine Tastatur = 76. Und dann fällt die Tastatur auf ein Sofa, das ist die 51.

Also Sie können jetzt den ersten Teil der Geschichte wiederholen: Was stellen Sie sich auf Ihren Füßen vor, was tun diese anschließend? Kann das gutgehen? Sie seifen Ihre Füße ein, die geseiften Füße versuchen dann die Gänge zu schalten, das kann nicht gehen und daher fahren Sie in eine Pflanze, da hängt eine Tastatur und die fällt auf ein Sofa – und somit können Sie sich eine zehnstellige Zahl gut merken!

☞ *Wenn Sie die zehn Ziffern gut können, schreiben Sie sie auf, um sich zu kontrollieren.*

Nun gehen Sie zur nächsten Geschichte. Schauen Sie sich mal die Gruppe an: 12 64 49 89 03. Da sehen Sie einen Geist für die Zwölf, der hat eine kleine Sandkastenschaufel in der Hand für die 64 und wäscht dabei das Geschirr ab für die 49. Dann legt er das gewaschene Geschirr ins Ablagefach vom Auto = 89 und setzt sich danach auf einen Hocker mit drei Beinen = 03.

Um diese Geschichte zu lokalisieren, lassen wir das alles auf Ihrem Knie passieren: Also sehen Sie einen Geist mit einer Sandkastenschaufel auf Ihrem Knie sitzen, er wäscht das Geschirr, legt es in das Ablagefach und setzt sich dann auf einen dreibeinigen Hocker.

☞ *Stellen Sie sich diese Geschichte auf Ihrem Knie ganz plastisch vor und schreiben Sie die Zahlen auswendig auf.*

---

*

☞ *Kontrollieren Sie nun rückblickend, was Sie auf den Schuhen sehen – die Seife, die Gangschaltung, die Pflanze, die Tastatur, das Sofa – und auf dem Knie wiederum steht ein Geist mit einer Sandkastenschaufel, er wäscht das Geschirr, legt das Geschirr in das Ablagefach des Autos und setzt sich auf den dreibeinigen Hocker.*
Wiederholen Sie diese Geschichte jetzt – mit dem Resultat, dass Sie bereits eine zwanzigstellige Zahl auswendig können! Schreiben Sie diese zwanzig Stellen ohne Spicken auf.

Jetzt kommen wir zur letzten Zahlengruppe. Die erste ist ja auf Ihrem Fuß, die zweite auf Ihrem Knie. Also nehmen wir für die dritte Geschichte Ihren Oberschenkel. Sie sehen, wir gehen entsprechend der Körperliste vor, denn die haben Sie ja immer bei sich, außer Sie beherrschen das extrakorporale Reisen. (Aber das glauben wir mal eher nicht.)

2B Sie sehen also jetzt gedanklich den Mond auf Ihren Oberschenkel scheinen = 28. Auf dem Mond steht ein Rasenmäher = 65 und dann geht das Licht aus. Der Lichtschalter symbolisiert 02. Sie brauchen eine Tastatur, um das Licht wieder anzumachen, und schon haben Sie ein Bild für 76. Dazu lacht ein Gesicht und das ist die 99. Was haben wir jetzt kreiert? Sie haben ein Bild mit Mond, Rasenmäher, Lichtschalter, Tastatur und Gesicht auf Ihrem Oberschenkel.

☞ *Jetzt können Sie auch diese zehn Ziffern aufschreiben und Sie werden dann feststellen, dass Sie eigentlich die ganze dreißigstellige Zahl hinschreiben können. Üben Sie das jetzt ein wenig mit dieser vorgegebenen Geschichte und mit diesen Zahlen, bis Sie das beherrschen.*

_____

Als Nächstes, vielleicht heute noch oder vielleicht auch erst morgen, nehmen Sie die nächsten dreißig Ziffern, die jetzt hier stehen, und lernen das mit Ihren eigenen Bildergeschichten. Sie nehmen die Zahlenbilder der Hunderterliste und gehen vor, wie Sie es oben bei unserer ersten dreißigstelligen Zahl gesehen haben.

Und das machen Sie bitte mit allen fünf Zahlen, die jetzt folgen, bis Sie wirklich alle Zahlen drauf haben. Vielleicht brauchen Sie zwei oder fünf Versuche, bis die Geschichte sitzt. Entwickeln Sie vielleicht noch kreativere oder skurrilere Geschichten; wenn die eine nicht funktioniert, dann geht es mit der nächsten vielleicht besser. Sobald Sie jeweils eine Zahlengruppe können, dann gehen Sie zur nächsten.

! *Es sollte pro Zahlengruppe nicht länger als zehn, fünfzehn Minuten dauern, bis Sie diese beherrschen. Notfalls, wenn Sie merken, dass es Ihnen wirklich immer noch Mühe macht, rufen Sie bei mir zu Hause an. Die Telefonnummer finden Sie hinten im Anhang.*

```
45 69 98 56 23 66 58 98 74 55 23 36 99 85 41
12 25 66 98 87 44 55 59 89 85 65 23 11 54 87
95 32 32 33 96 95 84 41 52 52 78 47 15 62 63
98 96 56 43 23 26 89 78 84 23 26 89 87 87 45
65 43 51 35 21 32 65 93 68 78 87 41 54 87 51
```

*

Ist es nicht eine tolle Erfahrung, wenn Sie merken, Sie können sich dreißigstellige Zahlen (wann brauche ich schon im Leben dreißigstellige Zahlen!?) ohne Probleme merken, Sie brauchen sich nur etwas Zeit zu nehmen? Eigentlich brauchen Sie sich jetzt nie mehr die Frage zu stellen, ob Sie sich die Zahlen merken können, sondern eher, ob Sie sich eine Zahl merken wollen. Macht es Sinn, sich eine Telefonnummer wirklich auswendig zu merken oder kann man diese Nummer nicht ebenso gut im Handy oder im Notebook speichern, um sie jederzeit abrufen zu können?

Ich denke, das müssen Sie jeweils individuell entscheiden. Also, ich bin eher faul und lerne möglichst keine Zahlen auswendig, sondern schreibe diese immer auf, wenn es nur irgendwie sinnvoll ist. Aber manchmal ist es einfach peinlich, wenn ich mir eine Zahl aufschreibe, zum Beispiel bei Geburtstagen. Wenn ich einen Geburtstag vor den Augen des anderen tatsächlich in mein Handy eintippe, dann wird er ja erwarten, dass ich ihm tatsächlich auch eine Karte schicke oder ihn anrufe. Aber ich möchte ihn ja überraschen, also ist ein unauffälliges Notieren direkt im Gedächtnis weitaus praktischer.

Ein anderes Beispiel: Bei einer Prüfung muss ich natürlich bestimmte Daten und Zahlen im Kopf haben. Ich könnte mir etwa zu jedem Geschichtsdatum eines Jahrhunderts eine markante Geschichte merken. Wäre das nicht toll, wenn Sie die Fähigkeit hätten, so ein ganzes Jahrhundert transparent im Kopf zu sehen?

Außerdem gibt es Situationen, wo man sein Gegenüber echt beeindrucken kann, wenn man sagt: „Hör mal, gib mir deine Telefonnummer ruhig einfach so, die kann ich mir merken."
Schauen Sie ihm in die Augen, wie verblüfft er ist, dass Sie sich das einfach merken können. Und wenn Sie mit zwei, drei daneben Stehenden dasselbe machen, haben Sie schnell den Ruf eines Genies.
Die meisten können sich einfach nicht vorstellen, wie sich jemand drei, vier Telefonnummern hintereinander, ohne sie aufzuschreiben, merken kann – oder gar zwanzig Geburtstage, was absolut möglich ist, wenn Sie mit so einer Technik arbeiten.

Kommen wir noch mal zum Thema Telefonnummern und Geburtstage. Wie kann ich mir das merken? Das ist eigentlich nur noch ein Fokusproblem, das heißt, dass Sie, wenn Sie eine Telefonnummer hören, diese mit der richtigen Person verknüpfen können. Gleiches gilt natürlich auch für die Geburtstage. Hat diese Person also etwa eine rote Krawatte an oder eine dunkle Brille oder vielleicht sehr schöne Augen oder irgendetwas anderes, was Ihnen auffällt, wie farbige Haare oder eine Kette um den Hals, dann fokussieren Sie Ihren Blick genau darauf.

Nehmen wir als Beispiel die Halskette bei einer Frau schauen Sie genau dorthin, wenn sie Ihnen ihre Telefonnummer sagt. Erinnern Sie sich bitte daran, dass wir vorhin die Geschichte mit der dreißigstelligen Zahl bei den Füßen begonnen haben, einfach um einen Anfangspunkt zu haben. Genauso funktioniert das hier auch.

So können Sie dann eine Telefonnummer auf einer Kette ablegen und die Kette erinnert Sie dann wieder, wer diese Person war, die Sie kennen gelernt haben.

Beginnen wir mit der Vorwahl. Wenn Sie zum Beispiel mit einem Schweizer zu tun haben, hängen Sie die Geschichte an einem

Schweizer Käse auf oder am Matterhorn oder an etwas anderem, Hauptsache, Sie verbinden ganz sicher die Schweiz damit. So brauchen Sie Ihre individuellen Bilder für die einzelnen Länder.

Die Städtevorwahl können Sie ebenfalls mit einem Bild besetzen, etwa einem Bierkrug für München, Lebkuchen für Nürnberg, einem Bär für Berlin, ein Schiff für Hamburg oder einem Jumbo-Jet für Frankfurt. Bei kleineren Orten werden Sie wahrscheinlich nicht mehr mit Bildern auskommen, das brauchen Sie dann ein System für dreistellige Zahlen, nämlich eine Tausenderliste. Auf diese kommen wir im nächsten Kapitel zu sprechen.

B Also wenn einer aus München kommt und eine auffällige Krawatte trägt, hängen Sie in Gedanken an den Schlips einen Bierkrug dran: Aha, Bier, also ein Münchner. Jetzt nennt er zum Beispiel die Nummer 13 95 82 03. Also sehe ich im Bierkrug einen Fahrstuhl, darin steht jemand, der mit seiner Taille wippt, eine Motorhaube festhält und auf einem Hocker sitzt, dann weiß ich doch, dass es um die Zahl Dreizehn für den Fahrstuhl geht. Mit der Taille ist die 95 gemeint, die Motorhaube steht für die 82, und dass er auf dem Hocker sitzt, bedeutet 03.

Also das ist die Art und Weise, wie Sie eine Telefonnummer gewissermaßen direkt an einen Menschen anbinden können. Nennen wir den Herrn mal Herr Mayer, dann hängen Sie Eier, weil es so ähnlich klingt, mit in das Telefonnummernbild ein. Oder bei Herrn Müller zum Beispiel einen Mühlstein, so dass Sie die beiden Namen nicht verwechseln – auch wenn Sie beide Herren auf derselben Veranstaltung kennen gelernt haben.

Dasselbe gilt nun auch für Geburtstage. Wenn Sie zum Beispiel jemanden kennen, der Schuster heißt, vielleicht rote Haare und am 5. September Geburtstag hat, so können Sie in seinen roten Haaren erst einmal einen Schuh für den Namen festbinden. Dann lassen Sie ihn mit seiner Hand an die Haare fassen, schon haben Sie die Fünf. Dabei macht er vielleicht noch miau wie eine Katze, das ist der neunte Monat und jetzt sind Sie beim 5.9.

Der einzige Weg, herauszufinden wie das funktioniert, ist, dass Sie das Ganze einfach üben!

Nehmen Sie sich einfach mal eine Illustrierte und geben Sie den abgebildeten Personen irgendwelche fiktiven Namen, Geburts-

tage und/oder Telefonnummern, und denken Sie sich entsprechende Geschichten aus. Sie können diese direkt unters Bild schreiben und so nach einiger Zeit überprüfen, ob es geklappt hat. Sie brauchen nur den selbst geschriebenen Text abzudecken.

*

Diese Technik macht übrigens riesig Spaß! Vielleicht lernen Sie auch tatsächlich von jedem, den Sie kennen, den Geburtstag auswendig? Da hätten Sie gleich eine praktische Anwendung mit dabei.

4 Die Farbliste

1.	braun
2.	rot
3.	orange
4.	gelb
5.	grün
6.	blau
7.	violett
8.	grau
9.	weiß
0.	schwarz

Wir haben noch gar kein Zahlenbild für die Null! Da möchte ich ein Ei vorschlagen, wenn Sie sich ein einzelnes Nullerbild überhaupt vorstellen wollen. Jetzt nehmen wir mal an, der Baumstamm unserer Baumliste ist braun, dann sehen Sie doch für Eins die Farbe Braun. Das Licht/die Lampe male ich rot an, also dann sehen Sie die Zwei eindeutig für Rot. Drei ist beim Hocker, da liegt eine Orange, auf die Sie sich setzen, also Orange ist Drei.

Das Auto lassen wir gelb sein, ein gelbes Postauto für die Vier. Die Fünf ist in Ihrer Hand, Sie halten grünes Moos, also Fünf wird dann Grün. Sie nehmen einen Würfel und werfen den in den blauen

Himmel, die Zahl Sechs ist die Farbe Blau. Die sieben Zwerge haben eine Schlägerei und bekommen ein Veilchen am Auge, also violett ist die Sieben. Auf der Achterbahn wird es Ihnen schlecht, das äußert sich darin, dass Sie ein graues Gesicht bekommen, also Grau für die Acht. Die Katze hat ein weißes Fell, die Neun steht also für Weiß und das Ei lassen wir ganz schwarz sein, weil uns die Null uns an die schwarze leere Unendlichkeit des Alls erinnert.

Wozu das alles? Wir wollen unsere Hunderterliste erweitern! Sie kennen bereits die zweistelligen Zahlen beziehungsweise unsere Bilder dafür. Um dreistellige Zahlen darstellen zu können, benötigen wir ein Bild für die Hunderterstelle, also für 100, 200, 300 usw.

Für die Zahl 515 können Sie sich folgendes vorstellen: für die 15 kennen Sie ja bereits den Ritter und für die 500 verwenden wir den Code aus der Farbenliste. Und schon sehen Sie einen grünen Ritter für 515. Ein blauer Ritter wäre entsprechend 615. Ein roter Geist ist 212. Eine violette Bibel = 710.

Sie sehen, die Zahlen der Hunderterliste kombiniert mit dem Farbcode ermöglichen Ihnen, Ihre Zahlengeschichten so zu erweitern, dass Sie sich jede dreistellige Zahl in Ihrem Kopf darstellen können. Das hilft Ihnen vor allem dann, wenn siebenstellige Zahlen vor Ihnen liegen. Die ersten drei Ziffern sind dann immer farbig und die zwei nächsten schwarz-weiß. Und somit können Sie sogar noch die Reihenfolge eindeutig bestimmen, ohne dass Sie ein Durcheinander bekommen.

☞ *Auch für den Farbcode gilt: üben, üben, üben! Nehmen Sie einfach mal eine Seite aus dem örtlichen Telefonbuch und gehen Sie die Nummern durch. Teilen Sie sie in drei- und zwei-stellige Kombinationen auf und denken Sie sich entsprechende Geschichten aus. Sie könnten zum Beispiel auf Ihrer nächsten Party ein Gesell-schaftsspiel daraus machen: einer erfindet die Geschichte und alle anderen müssen die Nummer erkennen. Wer die meisten Nummern erkennt, ist der Gewinner? Nein! Der Sieger ist der mit dem besten Zahlengedächtnis!*

Nachwort

Ich hoffe, Sie hatten Spaß beim Durcharbeiten dieses Buches. Wenn Sie jetzt ein wenig Feuer gefangen haben an dieser Art zu lernen, kann ich Ihnen eigentlich nur noch empfehlen, sich die ganze CD-Sammlung, die im Anhang des Buches beschrieben wird, zuzulegen. Ich glaube, die Zeit und das Geld lohnen sich, weil Sie sich dann natürlich nicht nur Zahlen gut merken können, sondern eben auch das freie Reden, Namen, Spickzettel für Prüfungen und vor allem auch abstrakte Wörter in Bilder verwandeln lernen. Das erarbeiten Sie sich zum Beispiel anhand von französischen oder russischen Wörtern.

Natürlich ist beim Zahlenmerken wichtig, dass Sie weiter trainieren. Dies wäre bei der CD-Sammlung ebenfalls optimal gegeben. Grundsätzlich sollten Sie sich während der nächsten drei Monate mindestens jeden Tag eine zwanzigstellige Zahl merken, sonst geht Ihre neue Fähigkeit bald wieder verloren.

Das kostet Sie vier, fünf Minuten! Machen Sie sich einen Spaß daraus und schnappen Sie sich irgend jemanden, den Sie mal zwei Minuten auf die Seite nehmen können, vielleicht beim Mittagessen, und bitten Sie ihn oder sie, eine zwanzigstellige Zahl hinzuschreiben und langsam vorzulesen. Sie lernen sie dabei auswendig, Sie können ja kleine Wetten darauf abschließen. Und schauen Sie dann das Gesicht Ihres Gegenübers an, wenn Sie tatsächlich die zwanzigstellige Zahl auswendig können!

Also machen Sie sich ruhig einen Spaß daraus, Leute so zu überraschen. Sie haben dann sogar doppelt gearbeitet: Sie haben nicht nur trainiert, Sie haben unter Druck und Stress trainiert und das möchten Sie ja können, Sie möchten die Zahlen ja in jeder Lebenslage beherrschen.

Ich freue mich, dass Sie so lange durchgehalten haben, gratuliere Ihnen dazu und wünsche Ihnen mit Ihrem neu erworbenen tollen Zahlengedächtnis ein schönes Leben. Ich würde mich auch freuen, Sie in irgendeiner Form wiederzusehen oder zu hören. Vielleicht rufen Sie ja mal an oder kommen in ein Seminar.

Also noch mal, ein wunderschönes Leben, alles Gute und Tschüß!

Ihr Gregor Staub

Über den Autor

Gregor Staub, Betriebsökonom, gründete die Firma *Mega Memory* Gedächtnistraining vor 10 Jahren in der Schweiz. Er produzierte das erfolgreiche Kassetten-Seminar *Mega Memory* und gilt heute als einer der erfolgreichsten Gedächtnistrainer Europas. Zu seinen Kunden zählen namhafte Unternehmen und Organisationen.
Außerdem hält er Seminare an Schulen und Universtäten und engagiert sich in der Lehrerfortbildung.

Allein in den letzten Jahren berichteten mehr als 150 Zeitschriften über ihn. Zahlreiche Radio-Interviews und TV-Auftritte machten ihn besonders in der Schweiz zu einem prominenten Trainer. Bis heute hat er über 1.500 Seminare geleitet, die von mehr als 80.000 Teilnehmern besucht wurden.

Anhang

Nummern und Adressen

Gregor Staub ist für Sie zu erreichen unter folgenden Nummern bzw. Adressen:

Staub Mega Memory Gedächtnistraining
Im Chapf 4
8703 Erlenbach
Schweiz

Tel.: 0041-43 266 80 00
Fax: 0041-43 266 80 01

E-Mail: smm@active.ch
Homepage: www.gregorstaub.com

Stichwortverzeichnis

Mit MEGA MEMORY

MEGA MEMORY ist eine überraschend einfache, spaßige und intensive Methode, sein Gedächtnis langfristig zu verbessern. Die Basis dieses Kurses ist die altgriechische **MNEMO-Technik**, welche auf Bildern, Phantasie und Kreativität beruht.

Wo hilft mir MEGA MEMORY?

- Namen merken
- Sprachen lernen
- Reden auswendig halten
- Lernstrategien für Schulen und Studium erwerben
- Kinder beim Lernen unterstützen
- Zettelwirtschaft vermeiden
- Spaß beim Lernen entdecken
- Selbstvertrauen steigern
- Phantasie anregen
- Langzeitgedächtnis aktivieren lernen

11 CD´s + 2 Hefte
€ 245,- / CHF 360,-

Wir können unser Gedächtnis nicht an einem einzigen Tag wesentlich verbessern, dazu brauchen wir einen Zeitraum von etwa 3 Wochen. **MEGA MEMORY** CDs bieten Ihnen die Möglichkeit, Ihre Gedächtnisleistung kontinuierlich und aktiv zu steigern.

KINDER sind unwahrscheinlich lernbegierig. Nutzen Sie diese Eigenschaft und machen Sie sie möglichst früh mit Techniken für besseres Lernen und Behalten vertraut. Auf der DVD für KINDER erfahren sie spielend wie sie Wochentage und das Alphabet lernen, wie sie den Zugang zur Zahlenwelt vereinfachen können und die Rechtschreibung beherrschen lernen.

1 DVD, € 50,–

fit im Kopf werden

Für alle, die mit **MEGA MEMORY** weiterüben möchten, hier die Möglichkeit, dies zu tun:

Sie können die nebenstehenden Sets zu folgenden Konditionen per Brief, E-Mail oder Fax bestellen:

Gesamtset **MEGA MEMORY**
11 CD´s + 2 Hefte
€ 245,- / CHF 360,-

Sie dürfen bei Ihrer Bestellung den Buchpreis von € 19,90/CHF 37,- vom Bestellpreis abziehen. (Bitte bei Bestellung vermerken)

Bestellungen aus anderen Ländern werden zum Tageskurs abgerechnet.
Sie erhalten die Lieferung per Post und mit Rechnung.

Bestelladresse:

Staub MEGA MEMORY Gedächtnistraining
Im Chapf 4
CH-8703 Erlenbach
Schweiz

Fax: 0041 / 43 266 8001
E-Mail: smm@active.ch
Internet: www.gregorstaub.com

Möchten Sie für Ihre Firma (firmenintern, mit dem Verband oder ähnlichen Gruppen) ein Seminar mit Gregor Staub organisieren, wenden Sie sich bitte an die oben genannte Adresse. Sie erhalten dort umfassende Informationen zu seinen Veranstaltungen.

mvg Verlag
Move your life!

Notizen

Notizen

Notizen

Notizen

Notizen